BEI GRIN MACHT SICH IHR WISSEN BEZAHLT

- Wir veröffentlichen Ihre Hausarbeit, Bachelor- und Masterarbeit

- Ihr eigenes eBook und Buch - weltweit in allen wichtigen Shops

- Verdienen Sie an jedem Verkauf

Jetzt bei www.GRIN.com hochladen und kostenlos publizieren

Dirk Brockmeyer

Die (neo-)pluralistische Theorie Ernst Fraenkels: Konzeption und Kritik

GRIN Verlag

Bibliografische Information der Deutschen Nationalbibliothek:

Die Deutsche Bibliothek verzeichnet diese Publikation in der Deutschen National-
bibliografie; detaillierte bibliografische Daten sind im Internet über http://dnb.d-
nb.de/ abrufbar.

Impressum:

Copyright © 2004 GRIN Verlag GmbH
Druck und Bindung: Books on Demand GmbH, Norderstedt Germany
ISBN: 978-3-640-86156-9

Dieses Buch bei GRIN:

http://www.grin.com/de/e-book/43607/die-neo-pluralistische-theorie-ernst-fraenkels-
konzeption-und-kritik

GRIN - Your knowledge has value

Der GRIN Verlag publiziert seit 1998 wissenschaftliche Arbeiten von Studenten, Hochschullehrern und anderen Akademikern als eBook und gedrucktes Buch. Die Verlagswebsite www.grin.com ist die ideale Plattform zur Veröffentlichung von Hausarbeiten, Abschlussarbeiten, wissenschaftlichen Aufsätzen, Dissertationen und Fachbüchern.

Besuchen Sie uns im Internet:

http://www.grin.com/

http://www.facebook.com/grincom

http://www.twitter.com/grin_com

Die (neo-) pluralistische Theorie Ernst Fraenkels: Konzeption und Kritik

Autor:
Dirk Brockmeyer

Universität Osnabrück
Fachbereich Sozialwissenschaften
Studiengang: BA Social Sciences
Sommersemester 2004
Seminar: Pluralismus und Totalitarismus

Inhaltsverzeichnis

Inhaltsverzeichnis 1

1. Einleitung 2

2. Historischer Kontext der Entstehung Fraenkels (neo-) pluralistischer Theorie 2

3. Konzeption der Theorie 3

    3.1 Rolle und Legitimität der Interessengruppen 3

    3.2 A posteriori Gemeinwohl als normatives Konzept 5

    3.3 Nicht – kontroverser Sektor und die Rolle der öffentlichen Meinung 6

4. Vergleich zu anderen Politikkonzepten 7

    4.1 Der radikale Pluralismus nach Laski 7

    4.2 Der totalitäre Staat nach Rousseau 8

5. Kritik und abschließende Bemerkungen 9

    5.1 Defizite der realen Demokratie (nach Fraenkel) 9

    5.2 Der Neopluralismus vor dem Hintergrund der Machtungleichheiten 10

6. Hauptthesen zum Neopluralismus 12

7. Literaturverzeichnis 13

1. Einleitung

Die pluralistische Theorie entstand aus dem Bestreben heraus, eine Gegenposition zum Totalitarismus und Monismus zu entwickeln. Die Idee der pluralistischen Demokratie wurde zuerst von Harold J. Laski entwickelt, der anfangs noch einen sehr radikalen Pluralismus forderte und somit vor allem eine normative Vorstellung von der Theorie hatte. Fraenkel hingegen sah den Pluralismus vor allem als Herausarbeitung der real bereits existierenden Strukturen; der normative Charakter geht jedoch auch bei ihm nicht verloren. Im folgenden werde ich versuchen herauszuarbeiten, welche biographischen und geschichtlichen Gegebenheiten zur Theoriebildung Fraenkels beitrugen, wie genau die Struktur seiner Theorie beschaffen ist, auf welche Art und Weise sie sich von den konkurrierenden politischen Theorien abgrenzt und welche Kritikpunkte geäußert werden können.

2. Historischer Kontext der Entstehung Fraenkels (neo-) pluralistischer Theorie [1]

Um die Grundlagen von Fraenkels Neopluralistischer Theorie besser verstehen zu können, sollte sie vor dem Hintergrund der Entstehungszeit und Fraenkels Biographie betrachtet werden. Fraenkel selbst war Jude und gehörte damit einer immer wieder verfolgten Minderheit an. Wie wichtig dies für Fraenkel selbst war, machte er in einer autobiographischen Notiz deutlich: „Das Gruppenproblem, das so eng mit dem Phänomen des Pluralismus verknüpft ist, bildet mein politisches Ur – Erlebnis." [2]Seine ersten Arbeiten entstanden in der Weimarer Republik; zu dieser Zeit hatte er Verbindungen zur reformistischen Arbeiterbewegung. Als in Deutschland die Nationalsozialisten an die Macht kamen, arbeitete er erst als Strafverteidiger und sah sich dementsprechend direkt mit dem Unrechtsstaat unter Hitler konfrontiert; später war er gezwungen, Deutschland zu verlassen und emigrierte in die USA. Diese Erfahrungen erklären sein Bestreben, ein Gegenkonzept zu den totalitären Diktaturen zu entwickeln. So könnte beispielsweise seine Abneigung gegen ein homogenes, a priori definiertes Gemeinwohl durch die Nazi – Ideologie, die genau dieses im Sinne ihrer Ideologie verwirklichen wollte,

---

[1] Vgl. Detjen, Joachim: Neopluralismus und Naturrecht, Paderborn: Ferdinand Schöningh 1988, besonders S. 44 ff
[2] Ebd. S. 45

entstanden sein. Die Neopluralistische Theorie selbst entstand in der Nachkriegszeit, so daß Fraenkel geprägt wurde durch die beiden unterschiedlich gearteten Demokratien im Nachkriegsdeutschland. An deren Beispiel scheint er sich bei der Entwicklung des Gegensatzpaares der heteronomen, pluralistischen und der homogenen, autokratischen Demokratie zu orientieren.

Es bleibt zu erwähnen, daß der Pluralismus seinem Ursprung nach nicht als eine Rechtfertigung des bestehenden Status quo verstanden werden kann, auch wenn dies bei Fraenkel, vor dem Hintergrund seiner Biographie verständlicherweise, des öfteren so anmutet, sondern vor allem auch als Konzept zur Weiterentwicklung und Hinterfragung der bestehenden Demokratieformen konzipiert wurde.[3] Inwieweit der Neopluralismus jedoch dennoch direkt die Rechtfertigung der westlichen Demokratien zum Gegenmodell der totalitären Demokratie der sozialistischen Staaten darstellt, werde ich in Kapitel vier noch näher erläutern.

3. Konzeption der Theorie

Die Neopluralistische Theorie kann in drei Hauptpunkte unterteilt werden, die ich im folgenden darstellen werde. Auch wenn dies sicherlich keine vollkommen erschöpfende Analyse der Theorie darstellen kann, da diese den Rahmen der Arbeit sprengen würde, denke ich doch, daß die wichtigsten Elemente enthalten sind.

3.1 Rolle und Legitimität der Interessengruppen

Fraenkel weist zu Recht darauf hin, daß Interessengruppen jeglicher couleur in Europa und besonders in Deutschland durch den Verdacht „pressure groups" zu sein im allgemeinen Denken diskreditiert sind.[4] Er führt dies auf „das Erbe Rousseaus im europäischen Denken" zurück.[5] Rousseau sah die Gefahr der Interessengruppen durch die Ersetzung des Gemeinwohls durch das Interesse einer einzelnen Gruppe,

---

[3] Vgl. Steffani, Winfried: Pluralistische Demokratie – Studien zur Theorie und Praxis, Opladen: Leske & Budrich 1980, S. 53 f
[4] Vgl. Fraenke., Ernst: Der Pluralismus als Strukturelement der freiheitlich – rechtsstaatlichen Demokratei, in: Fraenkel, Ernst: Deutschland und die westlichen Demokratien, Stuttgart: Verlag W. Kohlhammer 1994, 6. Auflage, S. 197
und Detjen, J: Neopluralismus und Naturrecht, S.56
[5] Ebd. S. 205

3

was letztendlich zur Auflösung des Staates führen müsse.[6] Fraenkel jedoch argumentiert, daß zwar ein gewisses Maß an Übereinstimmung notwendig ist, um den Staat zu erhalten, ansonsten aber im freien Spiel der verschiedenen Meinungen die Lösung der politischen Probleme zu suchen ist. Die Übereinstimmenden Meinungen sieht er im Naturrecht begründet, durch das gewisse Normen und Regeln determiniert seien. Einen einheitlichen Gemeinwillen sieht die Pluralismustheorie nicht als gegeben, aber auch nicht als wünschenswert an, da in einem freiheitlichen Staat die Interessen der einzelnen Bürger notwendigerweise divergieren müssten.

Die Interessengruppen erhalten somit ihre Legitimation durch die Mitwirkung der von ihnen vertretenen Individuen, denen sie als Sprachrohr dienen sollen. Demokratie sieht Fraenkel vor allem durch die Möglichkeit der öffentlichen Meinungsbildung durch die Interessengruppen verwirklicht, da es nur durch sie möglich sei, die vielen Interessen der Individuen zu bündeln und somit für das tagespolitische Geschehen fruchtbar zu machen. Er verweist in diesem Zusammenhang vor allem auch darauf, das Vorhandensein von Interessengruppen (explizit der Gewerkschaften) sei der Hauptunterschied zu den sozialistischen, totalitären Demokratien der Sowjetunion und der DDR.[7]

Die oben bereits erwähnten übereinstimmenden Werte, Normen und Verhaltensregeln zur Sicherung des „fair play" sichern laut Fraenkel, daß es nicht zu einer Desintegration des Staates kommt und die Interessengruppen vor dem Hintergrund des Gemeinwohlgedankens nicht dazu tendieren lediglich ihr Eigeninteresse durchsetzen zu wollen. Auch könnten Interessengruppen nicht dazu tendieren, ihren Willen an die Stelle des Gemeinwillens zu setzen und somit den Staat als Garant des Gemeinwillens auszuhebeln, da ihnen sonst wie 1933 die Gleichschaltung drohe.[8] Der Staat selbst ist der den einzelnen Gruppen übergeordnete Souverän und bildet somit den Überbau.

---

[6] Ebd. S. 207
[7] Vgl. Fraenkel, Ernst: Deutschland und die westlichen Demokratien, in: Fraenkel, Ernst: Deutschland und die westlichen Demokratien, Stuttgart: Verlag W. Kohlhammer 1994, 6. Auflage, S. 43 f
[8] Ebd. S. 46

3.2 A posteriori Gemeinwohl als normatives Konzept[9]

Das Gemeinwohl als a posteriori zu definierende Idee bildet wohl den Kern der neopluralistischen Theorie. In der Vorstellung des Gemeinwohls wird der Unterschied zwischen pluralistischen und totalitären Staatsgebilden laut Fraenkel mit am deutlichsten. „Eine jede totalitäre Diktatur geht von der Hypothese eines eindeutig bestimmbaren vorgegebenen Gemeinwohls aus."[10] Dieses a priori erkennbare Gemeinwohl trage vor allem mit dazu bei, das Recht diesem unterzuordnen, da das Erreichen des „Endziels" wichtiger als die rechtsstaatlichen Prinzipien wird. Fraenkel betont immer wieder, daß es, selbst unter der Annahme es gäbe einen einheitlichen Volkswillen, unmöglich sei, diesen a priori zu erkennen. Er wendet sich damit deutlich gegen den Anspruch der kommunistischen Staaten und gegen die Ideologie von Marx und Engels.

Dahingegen wird im Neopluralismus der Volkswille erst im politischen Prozeß a posteriori definiert. Somit ist der Volkswille nicht ein fest vorgegebenes Ziel, welches es zu erreichen gilt, sondern die „'Resultante' im Kräfteparallelogramm der Gruppeninteressen", des „politischen Willensbildungsprozesses.[11] Im Vergleich zu einem a priori definierten Ziel hat der a posteriori – Volkswille deutliche Vorteile, da in einer sich verändernden Welt dieser in der Lage ist, sich an die neuen Bedürfnisse und Gegebenheiten anzupassen.

Auch bei der politischen Willensbildung ist es jedoch wichtig, auf die schon einmal genannten naturrechtlichen Bedingungen zu verweisen, aus welchen gefolgert werden kann, daß die Mindestanforderungen der sozialen Gerechtigkeit erfüllt sein und alle maßgeblichen Gruppen mit dem Ergebnis leben können müssen. Da jedoch nicht objektiv geklärt werden kann, wie soziale Gerechtigkeit erfüllt werden muß und welche Gruppen maßgeblich sind, kann das Gemeinwohl nicht als ein tatsächlich zu erreichendes Ziel gesehen werden, sondern ist eher eine regulative Idee, eine Utopie, der sich die Wirklichkeit nur annähern kann.[12]

---

[9] Vor allem: Fraenkel, Ernst: Der Pluralismus als Strukturelement der freiheitlich – rechsstaatlichen Demokratie
[10] Ebd., S. 199
[11] Kremendahl, Hans: Pluralismustheorie in Deutschland, Leverkusen: Heggen – Verlag 1997, S. 34
[12] Ebd.

3.3 Nicht – kontroverser Sektor und die Rolle der öffentlichen Meinung

Wie aus den vorangegangenen Punkten schon ersichtlich ist, spielt die öffentliche Meinung und Diskussion im Neopluralismus eine wichtige Rolle. Der Weg der politischen Willensbildung kann nur mit Hilfe der von den Interessengruppen artikulierten Debatte beschritten werden. Nun kann jedoch unterstellt werden, daß eine pluralistische Demokratie nicht funktionieren kann, wenn alle Fragestellungen der politischen Agenda der öffentlichen Meinung unterworfen sind und vor allem durch sie gelöst werden müssen. Diese Unterstellung wird auch oft besonders von rechten Kreisen gemacht, wenn gesagt wird, in einer Demokratie würde nur geredet und nicht gehandelt.

Fraenkel bietet jedoch eine Lösung des Problems durch die Feststellung, daß es einen nicht – kontroversen Sektor der öffentlichen Meinung gebe. Dieser nicht – kontroverse Sektor bietet einen festen Rahmen, in dem sich das politische Tagesgeschäft entwickeln und bewegen kann; er enthält sämtliche Normen und Verfahrensweisen, die in der Gesellschaft als selbstverständlich angenommen und somit der öffentlichen Debatte nicht mehr ausgeliefert sind. Damit ist die Politik, laut Dahl, lediglich eine „Oberflächenerscheinung", der Kern der Demokratie und der Gesellschaft bleibt dabei vollkommen unangetastet. [13]

Zur Analyse der Funktionsweise und Bedeutung der öffentlichen Meinung und des Gemeinwillens unterteilt Fraenkel beide in verschiedene Arten. So gibt es den genuinen Gemeinwillen, dessen Inhalt von der Gesellschaft als gegeben akzeptiert wird; daß er jemals der Gegenstand von Kontroversen gebildet haben könnte wird nicht mehr angenommen. Dann existiert ein derivativer Gemeinwille, bei dem noch Erinnerungen an die Debatte, der jedoch keine Bedeutung für die Gegenwart und Zukunft beigemessen wird, vorhanden sind. Wird ein erneute Diskussion eines Problems lediglich unterlassen, ohne daß eine vollkommene Zustimmung zur Lösung besteht spricht Fraenkel von der konsolidierten öffentlichen Meinung. Bei gerade aktuellen Debatten, die noch zu keinem Ergebnis geführt haben, tritt die fluide öffentliche Meinung zu Tage. [14] Diese Einteilung macht deutlich, wie Fraenkel die Bedeutung der öffentlichen Meinung für das politische Geschehen einschätzt.

---

[13] Vgl. Fraenkel, Ernst: Demokratie und öffentliche Meinung, in: Fraenkel, Ernst: Deutschland und die westlichen Demokratien, Stuttgart: Verlag W. Kohlhammer 1994, 6. Auflage, S. 186
[14] Vgl. ebd., S. 187

Es muß dementsprechend bei der politischen Willensbildung nicht immer eine Übereinstimmung zwischen dem genuinen Gemeinwillen und den erlassenen Gesetzen bestehen; die öffentliche Meinung wird erst relevant, wenn sich eine zu große Diskrepanz ergibt, so daß das Problem in der fluiden öffentlichen Meinung diskutiert wird.

4. Vergleich zu anderen Politikkonzepten

Der Neopluralismus Fraenkels kann in zwei Richtungen von konkurrierenden politischen Theorien abgegrenzt werden. Zum einen vom radikalen Pluralismus (nach Laski), zum anderen von der totalitären Diktatur, deren Idee laut Fraenkel auf Rousseau zurück geht. Der radikale Pluralismus kann lediglich theoretisch erläutert werden, da er in der Realität niemals existiert hat, bei der totalitären Diktatur werde ich zur Verdeutlichung das Beispiel der Spartalegende hinzuziehen.

4.1 Der radikale Pluralismus nach Laski[15]

Harold J. Laski entwickelte als erster eine Theorie des Pluralismus. Während jedoch Fraenkel später einen im wesentlichen gemäßigten Pluralismus vertrat, war Laski noch wesentlich radikaler. Der Staat tritt in Laskis Theorie in seiner Bedeutung zurück und nimmt nur einen Platz neben und nicht über den anderen Interessengruppen ein. Damit erreicht er jedoch eine Aufteilung der Souveränität auf die einzelnen Gruppen, womit in der politischen Praxis viele Probleme folgen würden. Die Desintegration der Gesellschaft kann unter den von Laski geforderten Strukturen nicht verhindert werden, da der Staat den Zusammenhalt der Interessengruppen unter dem Dach des Gemeinwohls nicht mehr garantieren kann.

Ferner orientierte sich Laski in gewisser weise an Marx, indem er die bestehenden Eigentumsverhältnisse ins Visier nahm. Ohne eine ökonomische Demokratie könne eine politische Demokratie keinen Bestand haben. Im Gegensatz dazu stellt Fraenkel die ungleiche Verteilung der ökonomischen Ressourcen als eines der Merkmale des Pluralismus dar und rechtfertigt sie als Kennzeichen für eine wirklich demokratische Gesellschaftsordnung.

---

[15] Vgl. Eisfeld, Rainer: Der ideologische und soziale Stellenwert der Pluralismustheorie, in: Politische Vierteljahresschrift, Nr. 12 (1971), S. 332 – 366, vor allem S. 344 ff

4.2 Der totalitäre Staat nach Rousseau[16]

Rousseaus Idee des totalitären Staates geht, wie Fraenkel ausführt, auf die Spartalegende zurück. Auf dieser Basis entwickelte Rousseau seine Idee des volonté générale und den daraus zu ziehenden Folgerungen. Rousseau geht, wie es für die totalitären Diktaturen als wesentliches Merkmal schon herausgearbeitet wurde, von einem a priori bestimmbaren Gemeinwillen aus. Zur Verwirklichung diese Gemeinwillens ist es von entscheidender Bedeutung eine homogene Gesellschaft zu schaffen; das Instrument hierzu ist die Erziehung und die damit verbundene Neuformung des Menschen.

Als Kritik an dieser theoretischen Konzeption bezieht sich Fraenkel vor allem auf die real existierenden totalitären Regime und auf die eingangs erwähnte Spartalegende. So betont er auf Sparta bezogen, daß für die Verwirklichung des volonté générale eine Gesellschaft geschaffen wurde, in der sich eine Ideologie von Über- und Untermenschen in der Sklaverei und ungleichen politischen Beteiligung äußerte. Somit, so folgert Fraenkel, kann in der Rousseauschen Auffassung vom idealen Staat von Demokratie keine Rede sein.

Wie sehr die Theorie Rousseaus noch immer im europäischen Denken vorhanden ist, kann an verschiedenen Faktoren verdeutlicht werden. Zum einen ist hier erneut auf die für Fraenkel prägende Gegensätzlichkeit der beiden Staaten im Nachkriegsdeutschland zu verweisen. So kritisiert Fraenkel den Totalitätsanspruch des Staates, wie er in der DDR vorhanden ist. Der Staat und der a priori – Gemeinwille stehen über dem Gesetz und der Staat besteht auf der Möglichkeit gravierend in das private Leben der Bürger eingreifen zu können, ohne dabei dem Gesetz verpflichtet zu sein. Im Gegensatz dazu sieht sich die BRD den naturrechtliche begründeten Grundrechten verpflichtet, und ist insofern anti – totalitär, daß er Souveränität lediglich in politischer Hinsicht beansprucht. Ein Gleichschaltungs- oder Erziehungsprozeß zur Homogenisierung ist in der BRD nicht vorhanden.

---

[16] Vgl. Fraenkel, Ernst: Strukturanalyse der modernen Demokratie, in: Fraenkel, Ernst: Reformismus und Pluralismus, Hamburg: Hoffmann und Campe 1973, S. 404 – 433, besonders S. 415
und Fraenkel, E.: Der Pluralismus als Strukturelement der freiheitlich – rechsstaatlichen Demokratie

5. Kritik und abschließende Bemerkungen

5.1 Defizite der realen Demokratie (nach Fraenkel)

Fraenkel selbst verweist auf einige Defizite in der real existierenden pluralistischen Demokratie, welche seiner Auffassung nach jedoch eher Herausforderungen für die Zukunft darstellen und weniger als Widerlegung seiner Theorie gelten können.

So besteht die Gefahr, daß wirtschaftliche Akteure ihre Möglichkeiten der Beeinflussung der Politik ausnutzen und ihr Charakter als privatrechtliche Verbände zu mangelnder Transparenz führt. Somit wäre der Staat einer manipulierten öffentlichen Meinung ausgesetzt, ohne Gegenmaßnahmen ergreifen zu können. Dies Problem könne jedoch mit einem einfachen Gesetz, welches die Unternehmen zu einer Offenlegung ihrer Vorgehensweise verpflichtet, beseitigt werden, wie es z.b. in den USA im Jahre 1946 schon erlassen worden ist.[17]

Ein weiteres Problem bezüglich der öffentlichen Meinung könnte durch eine falsch verwendete Demoskopie verursacht werden. Zwar betont Fraenkel vor allem den Nutzen der Demoskopie bei der Ergründung der fluiden öffentlichen Meinung; der Einsatz der Demoskopie müssten jedoch auf diese beschränkt werden, sie dürfe sich auf keinen Fall in die Abgründe der konsolidierten öffentlichen Meinung oder gar des genuinen Gemeinwillens begeben, was er als „politologische Psychoanalyse" bezeichnet, da dies künstlich Konflikte erschaffen könne.[18]

Dann sieht Fraenkel noch Defizite in der Struktur verschiedener Staaten. So könne das Wahlsystem die Tendenz zur Bildung einer Führungselite und damit auch deren Manipulierbarkeit hervorrufen, namentlich das Verhältniswahlrecht. Als vorbildliches Wahlsystem nennt Fraenkel die USA, da dort die Parteikandidaten in den Vorwahlen vom Volk direkt und nicht von den Parteien selbst bestimmt werden.[19]

Auch auf einen Hauptpunkt der Pluralismuskritik geht Fraenkel ein, die unterschiedlichen Machtpositionen. Jedoch betont er hier wieder die Möglichkeiten des Staates, Monopole zu verhindern und sich vor der Einflussnahme mächtiger Interessenverbände zu schützen bzw. die schwächeren Verbände zu stärken. Und genau diese Möglichkeiten sieht er im sozialen Rechtsstaat verwirklicht, da die

---

[17] Vgl. Fraenkel, E.: Demokratie und öffentliche Meinung, 182 ff
[18] Ebd., S. 193 ff
[19] Vgl. Fraenkel, E.: Strukturanalyse der modernen Demokratie, S. 406

naturrechtlichen Grundlagen der gesellschaftlichen Gestaltung in der politischen Wirklichkeit berücksichtigt würden. [20] Inwiefern jedoch besonders diese Ansicht Fraenkels in der Realität an Glaubwürdigkeit verliert werde ich im folgenden darstellen.

5.2 Der Neopluralismus vor dem Hintergrund der Machtungleichheiten

Von den Kritikern des Neopluralismus wird als Hauptargument vor allem der Lobbyismus und die damit verbundene Beeinflussung der Politik durch die Einzelinteressen angeführt. Während Fraenkel, wie bereits erwähnt, diese Gefahr im sozialen Rechtsstaat gebannt sieht, lässt jedoch ein Blick auf die derzeitige politische Situation Zweifel aufkommen.

Zum einen lässt sich allgemein sagen, daß durch die ungleich verteilten ökonomischen Mittel die Möglichkeiten der verschiedenen Interessengruppen zur Beeinflussung der öffentlichen Meinung oder auch der Politik direkt doch stark divergieren. Der demokratische Grundgedanke, daß jede Stimme dasselbe Gewicht hat scheint ausgehebelt zu werden, wie ein einfaches Beispiel zeigt. Im alljährlichen Kampf um die neu zu verhandelne Höhe der Tarife haben die Stimmen der Gewerkschaften und der Arbeitgeberverbände in etwa das gleiche Gewicht. Die Mitgliederzahl der Gewerkschaften dürfte jedoch die der Arbeitgeberverbände um ein vielfaches übersteigen. Weiter Beispiele lassen sich überall finden; so bestehen die so genannten „Expertengremien", welche zur Lösung aktueller Probleme gebildet werden (beispielsweise die „Hartz – Kommission") zumeist vor allem aus Vertretern der Wirtschaft. Und während VW bei Gewinneinbrüchen von der Steuerpflicht befreit wird, aus Angst das Unternehmen könnte das Land verlassen, wird eine Gewerkschaft dies für ihre Mitglieder wohl niemals erreichen können, obwohl vielfach Lohnkürzungen verzeichnet werden müssen.

Zum anderen kann die direkte Beeinflussung der Politik bei der Betrachtung der politischen Praxis kaum von der Hand gewiesen werden. Firmen finanzieren, besonders in der von Fraenkel hoch gelobten Demokratie der USA, den Wahlkampf der Kanidaten mit Millionensummen, daß diese sich dafür erkenntlich zeigen werden liegt auf der Hand.

---

[20] Vgl. ebd., S. 432 f

Ich komme nicht umhin, als letztes noch auf einen leicht ironischen Aspekt in Fraenkels Argumentationskette hinzuweisen, obwohl dieser sicherlich keine tatsächliche Schwachstelle der Theorie aufzudecken vermag. Bezogen auf Rousseaus Fasziniertheit von der Spartalegende kritisiert Fraenkel, wie bereits erwähnt, das spartanische System habe eine Unterscheidung zwischen Über- und Untermenschen gemacht, was für eine Demokratie nicht akzeptabel sei. Zu dem Zeitpunkt, als Fraenkel seine Theorie entwickelte, lässt sich das jedoch auch für die von ihm hochgelobte amerikanische Demokratie in den USA nachweisen, da die Diskriminierungsgesetze gegen die afro – amerikanischen Bürger noch in Kraft waren.

6. Hauptthesen zum Neopluralismus

1. Der historische Kontext des Kalten Krieges und die damit verbundene Notwendigkeit zur Entwicklung eines Gegenstandpunktes zu den totalitären Diktaturen hatten einen wesentlichen Einfluß auf die Ausgestaltung der neopluralistischen Theorie.

2. Die Hauptpunkte der Theorie lassen sich wie folgt beschreiben:

   a) Interessengruppen sind notwendig, damit sich eine lebendige Demokratie entwickeln kann; nur mit ihrer Hilfe ist es für die Individuen möglich, ihre Anliegen zu formulieren und in den politischen Prozeß einfließen zu lassen.

   b) Das Gemeinwohl kann nur a posteriori als Ergebnis des „Kräfteparallelogramms der Gruppeninteressen" beschrieben werden, jede a priori – Definition würde die Freiheit und Rechtsstaatlichkeit einschränken.

   c) Pluralistische Demokratie kann nur dadurch funktionieren, daß durch den großen nicht – kontroversen Sektor der öffentlichen Meinung eine Grundlage definiert wird, in deren Rahmen sich das tagespolitische Geschehen als „Oberflächenerscheinung" bewegen kann.

3. Der Neopluralismus grenzt sich deutlich von den radikalen Formen des Pluralismus und des Totalitarismus ab, indem der den Staat als übergeordneten Souverän betrachtet, der jedoch lediglich im Sektor der Politik und Gesetzgebung totale Souveränität besitzen darf.

4. Die neopluralistisch organisierte Demokratie ist der beständigen Gefahr ausgesetzt, daß Gruppeninteressen zu starken Einfluß auf die öffentliche Meinung und die Politik ausüben; die Protagonisten der Wirtschaft und die Demoskopie müssen daher vom Staat besonders kontrolliert werden, um eine gleiche Teilnahme an der politischen Willensbildung für alle Gruppen zu gewährleisten.

7. Literaturverzeichnis

Detjen, Joachim: Neopluralismus und Naturrecht, Paderborn: Ferdinand Schöningh
1988

Eisfeld, Rainer: Der ideologische und soziale Stellenwert der Pluralismustheorie, in:
Politische Vierteljahresschrift, Nr. 12 (1971), S. 332 – 366

Fraenkel, Ernst: Demokratie und öffentliche Meinung, in: Fraenkel, Ernst:
Deutschland und die westlichen Demokratien, Stuttgart/Berlin/Köln/Mainz:
Verlag W. Kohlhammer 1994, 6. Auflage, S. 173 – 196

Fraenkel, Ernst: Der Pluralismus als Strukturelement der freiheitlich –
rechtsstaatlichen Demokratie, in: Fraenkel, Ernst: Deutschland und die
westlichen Demokratien, Stuttgart/Berlin/Köln/Mainz: Verlag W. Kohlhammer
1994, 6. Auflage, S. 197 – 221

Fraenkel, Ernst: Deutschland und die westlichen Demokratien, in: Fraenkel, Ernst:
Deutschland und die westlichen Demokratien, Stuttgart/Berlin/Köln/Mainz:
Verlag W. Kohlhammer 1994, 6. Auflage, S. 32 – 47

Fraenkel, Ernst: Strukturanalyse der modernen Demokratie, in: Fraenkel, Ernst:
Reformismus und Pluralismus, Hamburg: Hoffmann und Campe 1973, S. 404 –
433

Kremendahl, Hans: Pluralismustheorie in Deutschland, Leverkusen: Heggen –
Verlag 1977

Steffani, Winfried: Pluralistische Demokratie – Studien zur Theorie und Praxis,
Opladen: Leske & Budrich 1980